Bienvenue en Espagne

Bienvenido a España

Avec ce petit livre de jeux,
tu vas pouvoir t'amuser à découvrir
l'Espagne. C'est un très beau pays,
plein de curiosités.
Au fil des pages, tu vas apprendre
un tas de choses à travers des jeux,
des illustrations, des photos...

**Amuse-toi bien
et bonnes découvertes !**

Et pour faciliter ta lecture,
les mots compliqués, surlignés en rose,
seront expliqués dans un lexique p. 59.

¡Hola ! bonjour !

Je m'appelle Ana et j'ai 10 ans. Et voici mon petit frère Pedro qui a 7 ans. Nous vivons à Séville en Andalousie, une grande région ensoleillée du sud de l'Espagne. Notre ville est connue pour ses jolis monuments, sa cuisine, ses fêtes et une danse célèbre, le flamenco.

Jeu

Voici la carte de l'Espagne et ses régions.
Relie chaque ville (les drapeaux blancs) à la bonne étoile sur la carte.
***Séville** est en Andalousie, **Barcelone** en Catalogne,**Tolède** en Castille la Manche,*
***St-Jacques-de-Compostelle** en Galice et **Madrid**...facile !*

notre Pays

L'Espagne est le deuxième pays d'Europe par sa superficie (après la France). Et nous sommes presque 50 millions d'Espagnols. Dans notre pays, les régions (les communautés) sont très importantes. On en compte 17. Dans plusieurs d'entre elles, on parle même d'autres langues que le castillan (la langue officielle de l'Espagne) : le **catalan** en Catalogne, le **basque** au pays basque, le **galicien** (qui ressemble au portugais) en Galice...

nos Parents

Ma maman s'appelle Maria. Elle est guide à l'Alcazar, un fabuleux palais arabe de notre ville. Elle explique toute son histoire et ses secrets aux nombreux touristes qui viennent le visiter. Mon papa, José, travaille aussi à l'Alcazar. Il est jardinier et entretient le parc et les magnifiques fontaines du palais.

Jeu

Pour savoir en quels fruits se transformeront bientôt ces fleurs, inverse totalement le mot sur chaque étiquette.

Esirec

C E R I S E

Egnaro

O R A N G E

Eugif

F I G U E

le double Nom

En Espagne, nous portons tous **deux noms de famille : celui de notre papa suivi de celui de notre maman.** Et même quand elles se marient, les femmes gardent toujours leur nom de naissance.

Jeu

En complètant ce tableau, tu trouveras le nom de famille d'Ana.

La maman de José s'appelle Luisa
SANCHEZ MUÑOZ

Le papa de José s'appelle Pablo
GARCIA RAMIREZ

La maman de Maria s'appelle Marisa
MARTINEZ NADAL

Le papa de Maria s'appelle Diego
LOPEZ ARANDA

José s'appelle

le 1er nom de son papa	le 1er nom de sa maman

Maria s'appelle

le 1er nom de son papa	le 1er nom de sa maman

Ana s'appelle

le 1er nom de son papa	le 1er nom de sa maman

Et toi, quel serait ton nom avec le système espagnol ? Et celui de tes parents ?

¿ Hablas Español ?

Espagnol = Castillan

La langue et les traditions de la région de la Castille ont beaucoup influencé l'ensemble de l'Espagne. C'est pourquoi **le castillan est devenu la langue officielle du pays.** Quand on parle espagnol, on parle castillan.

La langue espagnole est très répandue et aujourd'hui **environ 400 millions de personnes la parlent dans le monde.**

Après la découverte de l'Amérique, l'Espagne colonisa en effet de nombreux pays d'Amérique latine qui adoptèrent sa langue. En Argentine, au Chili ou au Mexique, on parle l'espagnol. Pratique pour voyager.

LE SAVAIS-TU ?

En Espagne, on aime bien les points d'interrogation et d'exclamation. ***On en met toujours deux : un à l'envers au début de la phrase et un à l'endroit, à la fin.*** *Ce n'est pas pour décorer. Au contraire, c'est pratique : lorsque que l'on lit le début d'une phrase, on sait tout de suite si c'est une question et donc quelle intonation lui donner.*

À SAVOIR PAR ♥ !

(pour épater tes copains)

1 uno
ouno

2 dos
dosse

3 tres
tresse

4 cuatro
couatrro

5 cinco
ssinko

6 seis
séisse

7 siete
siété

8 ocho
otcho

9 nueve
nouébé

10 diez
dièss

prononce : como té liamas
¿ Cómo te llamas ?
Comment tu t'appelles ?

prononce : mé liamo
Me llamo...
Je m'appelle ...

prononce : como èstas ?
¿ Cómo estás ?
Comment vas-tu ?

prononce : moui bièn, grrassias
Muy bien, gracias
Je vais bien, merci

prononce : couantos anios tiénès ?
Cuantos años tienes ?
Quel âge as-tu ?

prononce : tèngo ... anios
Tengo ... años
J'ai .... ans

prononce : dondé bibés ?
¿ Dónde vives ?
Où habites-tu ?

prononce : bibo èn, frranssia
Vivo en Francia
J'habite en France

prononce : adios
Adios
Au revoir

**En espagnol, on rroule les "R"
et on se racle la gorge
en prononçant le "J"** ***(la jota)***

Et parfois le "C" se prononce
ss un peu comme si on avait
un cheveu sur la langue.
Fassile pour moi !

Faux-amis

On appelle faux-amis les mots espagnols qui ressemblent étrangement à des mots français, mais qui se traduisent par des mots différents.

Jeu

Comme dans l'exemple, entoure le dessin qui correspond au mot espagnol.

un peu d' Histoire

Il y a très longtemps, **en 711**, les Maures (des arabes venus d'Afrique du nord) envahissent l'Espagne et s'y installent jusqu'à ***la Reconquête*** du pays par les Espagnols en **1492** (voir page 42). Durant leur présence, ils apportent au pays leurs connaissances en sciences, en mathématiques et surtout en architecture et en décoration. Ils embellissent ainsi de magnifiques villes d'Andalousie comme Cordoue, Grenade ou Séville.

Jeu

Pour découvrir le nom d'un des plus beaux exemples d'architecture maure, retrouve les lettres cachées et replace-les en suivant le code couleur. Ce célèbre monument se situe à Cordoue.

LE SAVAIS-TU ?

Après l'Espagne, les Arabes tentent d'occuper la France. Mais, en 732, ils rencontrent Charles Martel à Poitiers qui les repousse et les oblige à faire demi-tour.

Séville

"Qui n'a pas vu Séville n'a pas vu de merveille".
C'est un proverbe qu'utilise souvent ma maman. Ça donne envie de découvrir notre ville. Elle est joyeuse et magnifique. À commencer par le quartier de Santa Cruz, près de la cathédrale. Ici, c'est un bonheur de se perdre entre les petites rues pavées et les patios fleuris. Et comme souvent en Andalousie, les maisons sont blanches et les rues étroites pour se protéger de la chaleur.

Jeu

Le patio, c'est la cour intérieure de la maison. En Andalousie, comme dans les demeures arabes, les patios débordent de fleurs et de plantes. Souvent, au centre de la cour, se trouve aussi un joli bassin.

Trouve les 7 différences entre ces deux patios.

la Giralda

Jeu

Elle symbolise à elle seule l'histoire de la présence arabe en Espagne. La Giralda est en effet l'ancien minaret d'une mosquée aujourd'hui disparue et remplacée depuis le 15e siècle par une immense cathédrale. Après le départ des Arabes, les chrétiens ajoutèrent même un clocher au minaret. La Giralda doit son nom à la girouette placée à son sommet représentant une statue de la Foi, en bronze.

N'hésite pas à grimper en haut de la Giralda. À 76 mètres de hauteur, la vue sur Séville est superbe.

Lorsque la Giralda était encore une mosquée, un homme (le muezzin) grimpait plusieurs fois par jour en haut du minaret pour appeler les croyants à prier.

Quel ingénieux moyen avait-il trouvé pour y accéder sans trop se fatiguer ?

Relie les points pour le savoir.

Gazpacho (express)

une recette typiquement andalouse pour 4 personnes

1 Coupe en tout petits morceaux...

1 gousse d'ail

1 petit oignon doux

1/2 concombre

1/2 poivron rouge

2 Mets dans le bol d'un mixer...

1kg de tomates bien mûres

3 Ajoutes-y les légumes coupés puis...

2 cuillères à soupe d'huile d'olive.

1 cuillère à café de vinaigre de Xéres

du sel et du poivre

1 verre d'eau

4 Mixe le tout

à petite vitesse, puis à grande vitesse.

Mets le Gazpacho au réfrigérateur. Sers-le bien frais, accompagné de pain grillé ou de petits croûtons.

la Feria

La Feria, c'est la fête. À l'origine, cela veut dire foire. On en trouve dans toute l'Espagne mais celles de **Pampelune ou de Séville** figurent parmi les plus célèbres. À Séville, en avril, la Feria est un immense rassemblement de couleurs, de musique et de danses. Des centaines de *casetas* (des sortes de tentes) sont installées pour se restaurer de *tapas* (voir page 48). Les femmes andalouses, vêtues de jolies robes à volants, parcourent la ville à cheval ou en calèche. On boit, on danse les *Sevillanas* (c'est un peu comme le flamenco) et on se couche souvent tard. Tout cela pendant une semaine !

Jeu

Trouve les 7 anomalies.

le Flamenco

De la guitare, du chant, de la danse, du rythme. En Andalousie, il faut absolument que tu découvres le flamenco, ce spectacle qui, tour à tour, passe de la joie à la souffrance. Ses origines, très anciennes, mêlent différentes influences dont celles du peuple gitan (voir page 22). Sur scène, les danseuses, parées de superbes robes à volants, tournent en claquant des doigts et en frappant des talons. C'est émouvant, c'est impressionnant.

Jeu

À tes ciseaux !

Habille cette jolie danseuse de flamenco en suivant l'ordre de découpage et de collage.

rose rouge
manche 4
bustier
rose rouge
5 manche
3
2 jupon noir
rose blanche
1 jupe à pois
bustier 3
4 5 manches
2 jupon noir
1 jupe à pois

Danse ! Danse !

À l'origine, le flamenco est un chant *a capella*, c'est-à-dire sans musique. Maintenant, les chants du flamenco sont accompagnés par un guitariste et rythmés par des percussions. Cela peut être des **castagnettes** *(castañuelas)*, un ***cajón*** (instrument venu du Pérou), les **talons** de chaussures des danseurs *(tacónes)* sur un plancher, mais aussi le claquement des mains *(las palmas)* du chanteur ou même de certains spectateurs passionnés !

las castañuelas

Ce sont deux coquilles en bois, reliées entre elles par un cordon. Quand on les entrechoque, leurs faces creuses produisent un fort claquement. Et si tu en observes de près, tu verras que les deux castagnettes ne sont pas creusées de la même manière : il y a une partie mâle, plus creuse et plus grave, et une partie femelle, plus aiguë.

el cajón

los tacónes

Jeu

As-tu le rythme dans la peau ? Pour le savoir, essaye ce petit exercice en frappant dans tes mains.

Ce rythme de flamenco est appelé Bulería.
Il se compte en 12 temps :

1 – 2 – **3** – 4 – 5 – **6** – 7 – **8** – 9 – **10** – 11 – **12**

deux groupes de trois temps — et trois groupes de deux temps

Les temps forts (en rouge) doivent être frappés plus fort. Tu peux même les accentuer en frappant des pieds.

las palmas

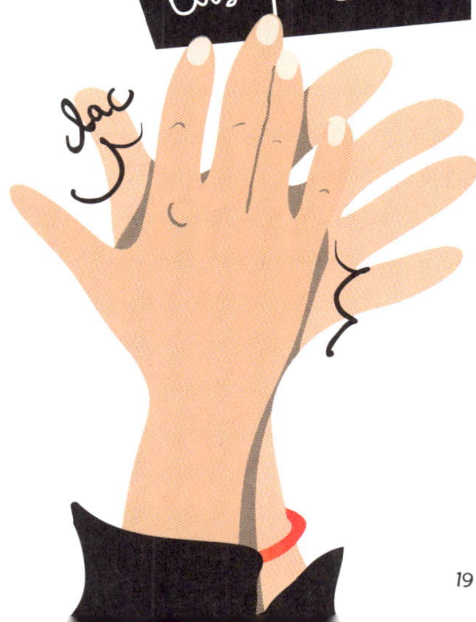

Alhambra

Tu veux découvrir des palais aux mille et une merveilles ?
Bienvenue à l'Alhambra. Toute l'année, des milliers de touristes (jusqu'à 8 000 par jour !) viennent visiter ce monument situé à **Grenade** et classé au patrimoine mondial de l'Unesco.
Construit sur une colline à partir de 1238, il domine toute la ville.
À l'origine, c'était une forteresse. Au fil du temps, les Arabes l'embellirent avec de somptueux palais richement décorés, des bassins, des fontaines et de merveilleux jardins.

Jeu

Voici des décors de l'Alhambra. Sur la figure B, il manque certains traits. Complète-les.

LE SAVAIS-TU ?

En arabe, l'Alhambra (al-hamra) *signifie "la rouge".*
En effet, c'est la couleur que prend la pierre des bâtiments quand le soleil se couche.

Azulejos

Le mot *azulejo* vient de l'arabe *al zulaydj* et signifie pierre polie (une pierre polie est une pierre lisse et brillante). Il désigne les petits carreaux de faïence qui, assemblés, décorent les murs et les sols des fontaines et des palais arabes comme l'Alhambra.

Jeu

Comme dans l'exemple, trouve la couleur des étoiles restées blanches à l'aide des 3 couleurs qui les entourent.

le peuple Gitan

Même si leurs origines restent encore bien mystérieuses, on pense maintenant que les Gitans (ou les Roms) viennent d'Inde. Au Moyen Âge, ils ont commencé à parcourir les routes d'Europe pour devenir un peuple nomade. Cela signifie qu'ils n'ont pas toujours de maison fixe et qu'ils se déplacent régulièrement (à l'origine en roulotte et maintenant en caravane), même s'ils se sont installés dans certains quartiers des villes comme à Grenade.
Vivant différemment, ils n'ont pas toujours très bonne réputation et ne sont parfois pas acceptés par le reste de la population.
Pourtant, ce peuple est aussi reconnu pour ses talents. En effet, on trouve chez les Gitans de merveilleux danseurs de flamenco, des chanteurs brillants et aussi de grands *toreros*.
Environ 600 000 gitans vivent actuellement en Espagne, surtout en Andalousie.

Le Sacromonte est un très vieux quartier "gitan" de la ville de Grenade. Beaucoup d'habitations y sont creusées dans la roche.

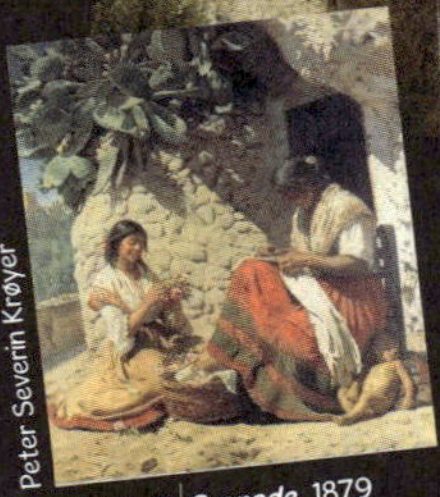

Peter Severin Krøyer

Gitans de Grenade. 1879

Jeu

Le mot "gitans" est surtout utilisé pour les Roms espagnols. Mais on leur donne parfois d'autres noms.
Pour les découvrir, supprime dans chaque ligne les lettres suivantes :

DFJPY

[redacted]T[redacted]ZIG[redacted]ANE[redacted]S

M[redacted]ANO[redacted]U[redacted]CH[redacted]ES

R[redacted]OM[redacted]ANI[redacted]CHJELS

[redacted]BO[redacted]H[redacted]ĒMI[redacted]EN[redacted]S

ROMANICHELS

BOHÉMIENS

Carmen

Jolie Gitane d'Andalousie, Carmen est aimée par un brigadier nommé Don José prêt à tout pour elle. Mais plus tard, Carmen s'éprend d'un torero et explique à Don José qu'elle ne veut pas vivre avec lui. Fou de jalousie, le brigadier assassine alors sa belle.

Cette histoire écrite par l'écrivain français **Prosper Mérimée** en 1845 fut ensuite adaptée en opéra par un autre Français, **Georges Bizet**, et devint un immense succès mondial.

TZIGANES MANOUCHES

/ ✿△‖➤♣ ♥★✣
L'AMOUR EST

♥⊖●✿⊖✣ ◆♥ ◀‖■♥△♥
ENFANT DE BOHEME

◯/ ⊖✿ ⊘✿△✿◯★ ▼‖⊖⊖➤
IL N'A NAMAIS CONNU

◆♥ /‖◯
DE LOI

Jeu

En déchiffrant ce message codé, tu découvriras les paroles célèbres de l'opéra Carmen.

A	B	C	D	E	F	H	I	J	L	M	N	O	P	R	S	T	U
✿	◀	▼	◆	♥	●	■	◯	⊘	/	△	⊖	‖	♠	♣	★	✣	➤

la Mer

Quand on vient en Espagne, c'est souvent pour le soleil et la mer. Une très grande partie du pays est ouverte sur l'océan Atlantique (au nord et à l'ouest) et la mer Méditerranée (à l'est). C'est pourquoi, lorsque l'on présente l'Espagne, on parle souvent de la péninsule ibérique*. Une multitude de plages ensoleillées et de côtes attirent ainsi chaque année des millions de touristes.

** Voir encadré*

Jeu

L'Espagne compte plus de 4 800 km de côtes. Pour s'y retrouver, on leur a donné de jolis noms. Sauras-tu replacer chaque côte au bon endroit en t'aidant des formes et des traductions ?

*** LA PÉNINSULE IBÉRIQUE**

Une péninsule *est une grande terre entourée de mer de tous côtés sauf un, et* ***l'Ibérie*** *est le nom que l'on donnait à l'Espagne durant l'Antiquité. Aujourd'hui, la péninsule ibérique regroupe l'Espagne et son voisin, le Portugal.*

les îles

Envie de soleil et de plage ? Direction **l'archipel des Baléares** et quatre de ses fameuses îles situées en mer Méditerranée : **Majorque, Minorque, Ibiza et Formentera.** À Majorque notamment, tu peux partir à la découverte de belles calanques et de petits villages plein de charme.

Les îles Canaries font aussi partie de l'Espagne même si elles se trouvent face au Maroc et donc à l'Afrique (à plus de 1000 km de Madrid). Elles forment également un archipel composé de sept îles où l'on découvre d'étonnants paysages volcaniques. Sur l'île de Ténérife, le Teide, un volcan qui culmine à 3 718 mètres, est tout simplement le plus haut sommet d'Espagne.

Jeu

Comment Pedro retrouvera-t-il sa maman s'il emprunte seulement les cases où les dessins ont un rapport avec la mer ?

Attention, tu ne peux pas aller en diagonale.

Almería

Tu veux te glisser dans la peau d'un cowboy et revivre les tournages des grands films ? Prends la route d'Almería au sud de l'Espagne. Là-bas, les montagnes arides et les canyons alentour donnent l'impression de se trouver au Far West américain. C'est pourquoi de nombreux westerns ont été tournés ici. Aujourd'hui encore, tu peux visiter les décors de ces films (ranchs, saloons) et même les revivre sous forme de spectacles joués par des acteurs.

Jeu

Des lettres se sont décrochées de cette affiche. Sauras-tu les replacer au bon endroit et découvrir le titre de ce fameux western tourné près d'Almería ?

la Corrida

Encore très présente aujourd'hui, la corrida est une ancienne tradition espagnole qui se déroule dans une arène *(la plaza de toros)* devant des milliers de spectacteurs. Ce combat, qui oppose des hommes (les *toreros*) à des taureaux, est très animé, coloré et impressionnant. À la fin, le taureau est mis à mort. De nombreux Espagnols se passionnent pour ce spectacle mais certains s'y opposent et veulent l'interdire car ils le considèrent comme une torture de l'animal.

Jeu

Aide le taureau à trouver la sortie de l'arène sans croiser les toreros.

Valence

Si l'Espagne est le premier producteur européen d'oranges, elle le doit beaucoup à la région de Valence. On dit qu'ici c'est le **Royaume des oranges**. Elles sont douces et acidulées et contiennent peu ou pas de pépins. Idéales pour les jus. D'ailleurs, souvent, celles que tu dégustes chez toi proviennent de là-bas. Par contre, les orangers que tu peux parfois observer dans les villes espagnoles donnent des oranges amères.

Jeu

Combien de litres de jus d'orange pourra-t-on obtenir après la récolte ?

les Fallas

Chaque année, **du 16 au 19 mars**, la ville de **Valence** prend des airs de grande fête pour ***las Fallas***. Chaque quartier de Valence construit des personnages géants en bois et en papier mâché. Certains peuvent atteindre 15 mètres de haut !

L'ensemble des personnages fabriqués par un quartier forme une ***falla***.
On les promène à travers la ville et un jury choisit **UN** personnage d'une *falla*, "*el indultat*". Lui seul sera épargné la nuit du 19 mars. Cette nuit-là, à minuit, toutes les *fallas* seront brûlées dans une ambiance impressionnante.
Pendant ces trois jours, une foule immense parcourt les rues de Valence dans un climat de folie : feux d'artifice tous les soirs et pétards de jour comme de nuit.

Coloriage

Colorie en suivant le code pour faire brûler cette falla.

Joyeuse Fête

Aujourd'hui, c'est ma fête *(el Santo)* ! En Espagne, c'est un jour important. Pour cette occasion, papa et maman ont invité la famille autour d'un bon repas et j'ai reçu une ravissante paire de boucles d'oreilles. Mes oreilles ont été percées dès ma naissance, comme pour encore beaucoup de petites filles espagnoles.

Jeu

Ajoute de jolies boucles d'oreilles à cette petite fille en combinant les indications de couleurs et de formes.

les formes

A =

B =

C =

les couleurs

1 =

2 =

3 =

4 =

la Paella

Si tu te trouves à Valence, pourquoi ne pas te régaler d'une paella ? C'est ici qu'elle est née. Depuis, ce plat composé de riz et de fruits de mer (moules, langoustines, calamars) ou de viande et de quelques légumes typiques de Valence, a fait le tour du monde. La paella doit son nom à la grande poêle qui permet de la cuisiner. Celle-ci peut mesurer jusqu'à 1 mètre 50 de diamètre ; on la pose sur la table et tout le monde se sert dedans.

Coloriage

C'est **le safran**, une épice, qui donne au riz sa couleur jaune.

Madrid

La capitale espagnole est idéalement placée : elle se trouve précisément au centre du pays. C'est aussi la plus grande ville d'Espagne avec environ 3,5 millions d'habitants.
Comme beaucoup de villes espagnoles, Madrid a sa grande place piétonne : **la plaza Mayor.** Entourée d'arcades et d'anciens bâtiments aux 437 balcons, remplie de terrasses de cafés l'été, elle est très agréable pour se reposer.

La Casa de la Panaderia
Avec ses fresques, elle est l'un des plus beaux édifices de la plaza Mayor.

Jeu

Déchiffre ce message en remplaçant chaque lettre par celle qui la précède dans l'alphabet.
ex : B=A ; C=B ; D=C...

UV TBWBJT RVF
TU SAVAIS QUE
DFUUF QMBDF FUBJU
CETTE PLACE ÉTAIT
VO BODJFO NBSDIF
UN ANCIEN MARCHÉ ?

le Roi

En 1975, à la fin d'une longue dictature, l'Espagne est devenue une **monarchie parlementaire**. Cela signifie que le pays est représenté par un roi (monarchie) et que les affaires du pays sont dirigées par un président du gouvernement (comme le premier ministre chez nous). En 2014, après 39 ans de règne, le roi Juan Carlos a abdiqué. C'est son fils, qui lui a succédé sur le trône.

l'emblème du drapeau espagnol

Jeu

Raye dans la grille les prénoms espagnols de la liste à gauche.
Ils peuvent se lire dans tous les sens, même en diagonale, et les lettres peuvent servir plusieurs fois.

Comme souvent dans les monarchies, le pouvoir se transmet de façon **héréditaire,** c'est-à-dire de parents à enfants.

~~URIEL~~
~~REINA~~
~~MARIAN~~
~~ARIANA~~
~~CARMEN~~
~~ADALIA~~
~~TERESA~~
~~MANUEL~~
~~RAMIRO~~
~~ALDO~~
~~LEONARD~~

F	A	L	D	O	E	T
M	A	R	I	A	N	E
A	L	A	I	D	I	R
N	E	M	R	A	C	E
U	R	I	E	L	N	S
E	P	R	E	I	N	A
L	E	O	N	A	R	D

__ __ __ __ __ E

*Pour trouver le prénom du nouveau roi d'Espagne, écris **dans l'ordre** les lettres qui n'ont pas été rayées dans la grille.*

Connais-tu la crème catalane ?

El jamón (le jambon) en te raclant la gorge. ← prononce "ramone"
Ici, c'est le roi !
Il est suspendu dans tous les bars à tapas, les boutiques d'alimentation, les marchés...

L'Horchata
Une délicieuse boisson à base de lait végétal.
C'est très rafraîchissant !

Le parc Güell à Barcelone

Sur les traces de Don Quichotte : les moulins à vent de la région de Castille-la-Manche.

Une araignée géante devant le musée Guggenheim de Bilbao.

Les côtes découpées de la Galice.

La costa del Sol

Les façades de *las Ramblas* à Barcelone.

Las Ventas : les arènes de Madrid sont les plus grandes d'Espagne.

Les Castellers, de vraies pyramides humaines !

L'Ours et l'Arbousier, les emblèmes de Madrid.

Le port de Malaga

Ici, c'est chez moi pendant les ferias, j'adore ! ♡

Pour son métier, ma maman a voyagé dans toute l'Espagne. Elle m'a donné quelques belles photos de ses séjours. Ça donne envie, non ?

Ronda

En 1984, cette jolie ville blanche a servi de décor au tournage du film Carmen, de Francesco Rosi.

L'Alhambra à Grenade

le Prado

Maman a insisté pour nous faire visiter **le musée du Prado** à Madrid. Elle avait raison. C'est l'un des plus beaux du monde, avec des collections uniques. Il présente surtout des peintures européennes du 12e au 19e siècle. Nous, nous avons choisi de découvrir les salles consacrées aux très grands peintres de notre pays comme **Le Greco, Murillo, Velasquez et Goya.**

Jeu

Ce tableau de Goya s'appelle Le Parasol. *Sauras-tu trouver les 7 erreurs laissées sur la copie (en bas) ?*

Picasso

Picasso, *Marie-Thérèse Walter, 1937*

Pablo Picasso, l'un des peintres les plus importants du 20e siècle, disait : ***"Dans chaque enfant, il y a un artiste. Le problème est de savoir comment rester un artiste en grandissant."*** C'est ce qu'il a su faire et c'est ce qui explique qu'il a été à l'origine de nombreuses inventions artistiques comme le **cubisme**.
Toujours curieux et innovant, Picasso a sans cesse fait évoluer sa peinture. Son œuvre parle de tout : ses épouses, ses enfants, la corrida, la politique, l'Espagne... Parmi ses tableaux les plus célèbres, on peut citer ***Les Demoiselles d'Avignon***, exposé au Musée d'Art Moderne de New York et ***Guernica*** que tu peux admirer au Centre d'Art Reina Sofía à Madrid.

Jeu

Complète ces visages à la manière de Picasso en t'inspirant des modèles ci-dessous.

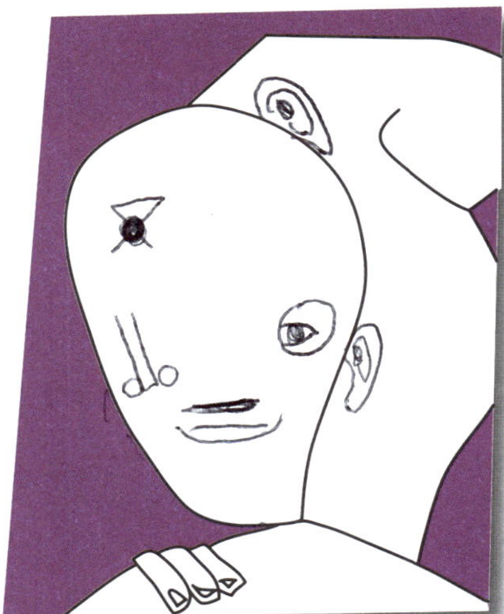

Yeux :

Bouches :

Nez :

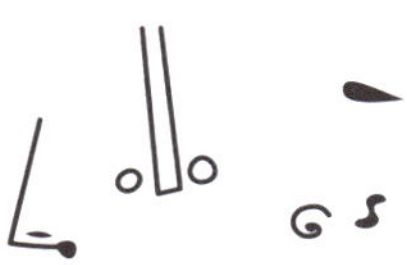

Oreilles :

le parc du Retiro

Il existe depuis le 16e siècle !
On dit que c'est le grand poumon vert de Madrid. Ici, au cœur de la capitale, tu peux te reposer entre deux visites, faire un tour de barque sur le lac, applaudir des jongleurs et des mimes, assister à des concerts en plein air : une vraie détente. Le parc abrite aussi un magnifique palais destiné aux expositions, **le Palais de Cristal.**

Jeu

Remets les images dans l'ordre pour comprendre l'histoire.

Jeu

Trace avec une règle les passes entre les joueurs qui mèneront le FC Barcelone (rouge et bleu) jusqu'au but.

1 - *Pour faire une passe, le joueur qui a le ballon doit être regardé par un autre joueur de son équipe.*

2 - *Tu ne dois pas être gêné par un joueur du Real Madrid (blanc) lorsque tu tires un trait.*

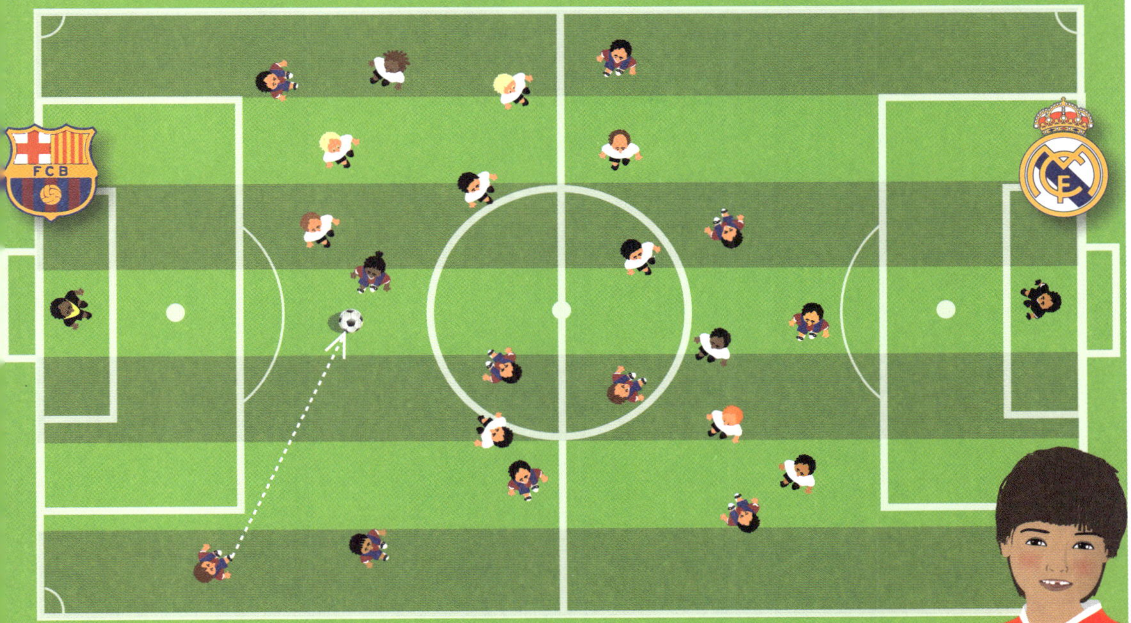

le Foot

En Espagne, on est fous de foot. Moi, je suis supporter du **FC Séville**, l'un des deux clubs de ma ville avec le **Betis de Séville.**
Mais c'est difficile de rivaliser avec deux autres équipes du pays qui sont sans doute parmi les meilleures au monde : le **FC Barcelone** *(le Barça)* et le **Real Madrid.**
Le stade du Barça, *le Camp Nou*, est même le plus grand d'Europe. Il peut recevoir plus de 98 000 spectateurs !
Notre équipe nationale se fait aussi remarquer : en 2010, on a gagné pour la première fois la coupe du monde face aux Pays-Bas grâce à un but d'Iniesta.

Tolède

Construite en hauteur sur un immense bloc rocheux dominant le **Tage** (le fleuve le plus long d'Espagne), Tolède est une ville magnifique classée au patrimoine mondial de l'Unesco. Il est agréable de se perdre dans ses rues étroites qui se ressemblent et donnent parfois l'impression de se trouver dans un labyrinthe. Tolède est également réputée pour sa production d'épées et de couteaux.

Si tu es un peu gourmand, il ne faut pas manquer la spécialité de la ville : ***le mazapán.***
En attendant, voici la recette. Régale-toi bien.

200 gr de poudre d'amande
200 gr de sucre glace
1 œuf + 1 blanc d'œuf

Pour parfumer les ***mazapanes,*** tu peux utiliser du zeste de citron, de l'extrait de fleur d'oranger ou du miel...

1. Mélanger la poudre d'amande avec le sucre glace.
2. Ajouter un blanc d'œuf monté en neige.
3. Malaxer pour obtenir une pâte lisse. Laisser reposer 10 min au frigo avant de modeler les formes souhaitées.
4. Badigeonner avec de l'œuf battu.

Préchauffer le four à 200°C et cuire 2 à 5 min en surveillant bien la cuisson. Les ***mazapanes*** doivent être juste dorés.

Don Quichotte

Il est l'un des héros les plus populaires de la littérature espagnole. Son auteur, **Cervantès,** a imaginé son aventure en 1604. Don Quichotte est un rêveur (un peu fou), qui se prend pour un justicier. Accompagné de son écuyer **Sancho Pança,** il parcourt l'Espagne sur son cheval pour combattre le mal et réaliser des exploits imaginaires. Il pense que les auberges sont des châteaux enchantés et les paysannes de belles princesses. Dans l'un des passages les plus célèbres du livre, il attaque même des moulins à vent qu'il prend pour des géants.

Jeu

Combien de sortes de moulins comptes-tu ?
(Attention ! Certains moulins sont identiques.)

la Reconquête

En 1492, la reine **Isabelle de Castille** et le roi **Ferdinand d'Aragon** mettent définitivement fin à la domination arabe. C'est la ***Reconquista*** (la Reconquête). L'Espagne devient un pays chrétien unifié. Un siècle d'or commence alors pour le pays. Au 16e siècle, sous le règne de **Charles Quint,** l'Espagne est la première puissance d'Europe et elle possède presque toutes les terres découvertes en Amérique !

Jeu

Sais-tu ce que l'on disait de l'empire de Charles Quint tant il était vaste ? Remets les étiquettes en ordre pour le découvrir.

Empire colonial espagnol au 16e siècle.

Christophe Colomb

en espagnol, c'est Cristóbal Colón

Sais-tu comment on a découvert l'Amérique ? Et bien, un peu par hasard. En 1492, grâce à l'aide de la reine d'Espagne **Isabelle de Castille**, un navigateur italien, Christophe Colomb, quitte les côtes espagnoles pour rejoindre les Indes et ramener des épices et des trésors introuvables en Europe. Il part à bord de trois immenses bateaux à voiles, que l'on nomme caravelles, en pensant qu'il est sans doute plus rapide de passer par l'ouest. Ignorant l'existence d'autres terres que l'Europe et l'Asie, il atteignit, sans le savoir, l'Amérique (le Nouveau Monde) qu'il baptisa Indes Occidentales.

Jeu

Pour compléter le nom des caravelles de Christophe Colomb, replace chaque voile sur le bon bateau.

Monument Christophe Colomb à Barcelone

Barcelone

le drapeau catalan

Barcelone, c'est d'abord la Catalogne. Cette grande région du nord-est de l'Espagne est devenue autonome en 1979. Elle a aujourd'hui sa propre identité, notamment la langue, **le catalan.** Et les habitants aiment bien dire qu'ils sont plus Catalans ou Européens qu'Espagnols. En arrivant à Barcelone, tu entends autant parler espagnol que catalan. Dans les commerces, les banques, les musées, les inscriptions apparaissent souvent dans cette langue. Et ça change un peu quand même.

Jeu

*Voici des mots **espagnols, français et catalans.** Essaye de relier les mots qui ont le même sens.*

buenos días	au revoir	bon dia
gracias	s'il vous plaît	adéu
adiós	bonjour	gràcies
por favor	merci	si us plau

Moi, ce que j'aime bien à Barcelone, ce sont les grandes plages qui touchent la ville.

Antoni Gaudí

prononce Ga-oudi

la casa Batlló

la Sagrada Familia (détail)

la casa Milá

Impossible d'imaginer Barcelone sans Antoni Gaudí. Ce très grand artiste (1852-1926) a laissé son empreinte sur la ville avec des constructions étonnantes et en avance sur leur temps. On lui doit par exemple la **Casa Milá,** un immeuble aux façades ondulées (aucun mur n'est droit) et aux drôles de cheminées. Plus haut dans la ville, sur une grande colline, tu peux faire une jolie promenade originale au **Park Güell.** Tu découvriras une grande terrasse avec des bancs arrondis en mosaïque et tu auras un beau panorama sur Barcelone et la mer.

Jeu

Dès l'enfance, Gaudí se passionne pour la nature qu'il observe attentivement. Toute sa vie, il essayera de transformer en architecture et en géométrie ce qu'il y découvre.
Relie chaque dessin au détail d'architecture qui te paraît en être inspiré.

la Sagrada Familia

Imaginée par **Gaudí**, cette immense cathédrale est l'emblème de Barcelone. Il s'agit d'un projet unique au monde et, pour Gaudí, l'œuvre de toute une vie (certains disent d'un fou, d'autres d'un génie). L'artiste savait que la Sagrada Familia (la Sainte Famille), commencée en 1883, ne serait pas terminée à sa mort. Il y travailla durant 40 ans, dormant sur place pour gagner du temps et parce qu'il n'avait plus d'argent. Aujourd'hui encore, en visitant la cathédrale, on voit que les travaux continuent. Ils ne seront pas terminés avant 2025 !

À l'intérieur de la Sagrada Familia, d'immenses colonnes prennent des allures d'arbres aux branches géantes. Et, au plafond, on croit voir une accumulation de feuilles, un peu comme dans une forêt.

Jeu

Voici un détail de la façade nord de la Sagrada Familia.

*Gaudí a imaginé ici une grille de nombres qui, additionnés horizontalement ou verticalement, donnent le même résultat : **33**, l'âge du Christ à sa mort.*

Mais certains chiffres ont disparu. Sauras-tu les retrouver ?

Miró et Dalí

Joan Miró et Salvador Dalí sont deux artistes espagnols très célèbres qui ont vécu pendant le 20e siècle. Leurs œuvres sont aujourd'hui exposées dans les plus grands musées du monde.
Ils ont joué un très grand rôle dans l'art, notamment en participant à l'un des mouvements de l'art moderne : **le surréalisme** (voir encadré rouge).

Pour découvrir les œuvres de ces grands maîtres en Espagne, direction **Figueres** pour le musée Dalí et **Barcelone** pour la Fondation Miró.

J.Miró - Chiffres et constellations amoureux d'une femme - 1941

Miró est né à Barcelone en 1893 et est mort en 1983, il avait 90 ans. Il était à la fois peintre, sculpteur, créateur de collages et de céramiques.

S.Dalí - Persistance de la mémoire - 1931

Dalí est né à Figueres en 1904 (11 ans après Miró) et mort en 1989. Lui aussi exerçait son art dans plusieurs domaines. Il était peintre, sculpteur, réalisateur et écrivain.

Jeu

MATÉRIEL

1 grande feuille et 4 feutres

3 à 99 ans — *2 à 6 joueurs*

1. *Avec le feutre noir, le premier joueur trace une ligne courbe selon son imagination, en laissant la ligne "ouverte" :*

2. *Avec le même crayon, le joueur suivant doit continuer le dessin là où le précédent l'a terminé :*

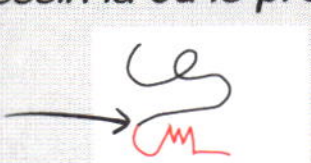

et ainsi de suite pour chaque joueur :

3. *Les crayons bleus, rouges et jaunes ne servent que pour colorier une forme lorsqu'elle est fermée :*

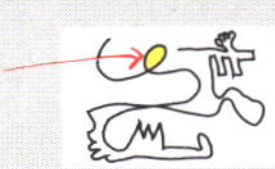

Tu verras,
c'est un jeu d'équipe rigolo
qui vous fera créer
de grandes œuvres dignes de Miró,
quelque soit l'âge des participants !

Dans les années 20 (1920), des artistes et des poètes veulent changer le monde : on les appelle **les surréalistes.**
Ils en ont assez de l'univers sérieux des adultes.
Ils se passionnent pour le domaine des rêves et de l'imaginaire.

Jeu

Trouve la bonne traduction de ces tapas, puis colorie-la avec la bonne couleur.

En Espagne, lorsque tu veux te restaurer, tu peux facilement choisir parmi une multitude de tapas, des sortes d'amuse-gueules chauds ou froids. Ce sont de petites portions que tu peux picorer à n'importe quel moment de la journée dans un bar à tapas. C'est très pratique selon ta faim !
Il y en a pour tous les goûts : calamars, *tortilla de patatas* (omelette aux pommes de terre), jambon, *queso* (fromage), fèves, olives, *gambas a la plancha* (grillées), pain à la tomate...
Parfois, on t'en sert même quelques-unes gratuitement avec ta boisson.

* Gambas a la plancha
* Tortilla de patatas
* Habas con jamón
* Croquetas de jamón
* Queso Manchego

Fromage à pâte dure de la Manche

Fèves au jambon

Croquettes de Jambon

Crevettes grillées

Omelette de pommes de terre

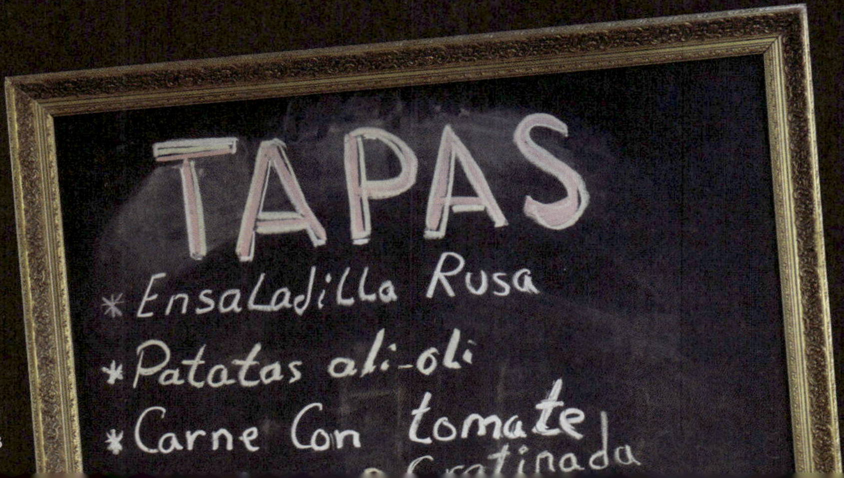

Jeu

Sauras-tu attribuer le bon plateau à chacun ?

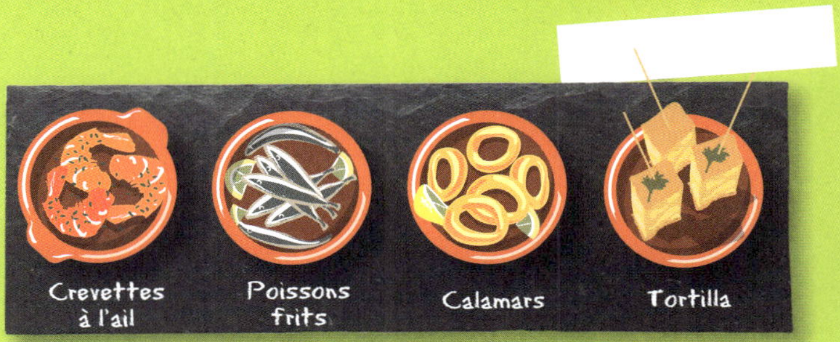

Maria adore le fromage et les croquetas.

José adore les produits de la mer, mais n'aime pas le fromage.

Ana n'aime ni la tortilla, ni le poisson.

Pedro adore les fruits de mer, mais n'aime pas les poivrons.

UNE INVENTION GÉNIALE !

***Tapa* veut dire couvercle en espagnol.**
Selon une des légendes, à l'origine, on en plaçait un sur les verres de vin pour éviter que les mouches ne tombent dedans. Pour que ce soit plus agréable, on ajouta ensuite sur le couvercle des olives, du jambon… Ces en-cas prirent alors le nom de *tapas*.

Cinéma

Depuis les années 80, le cinéma espagnol a son représentant connu dans le monde entier : **Pedro Almodóvar.** Les femmes espagnoles sont très souvent au cœur de ses films. Il a ainsi fait connaître de grandes actrices comme **Marisa Paredes, Victoria Abril et Penelope Cruz** en leur offrant de très beaux rôles.

Avant lui, on connaissait surtout deux grands réalisateurs : **Luis Buñuel** (auteur du *Chien Andalou*) et **Carlos Saura** (metteur en scène de films célèbres comme *Carmen* et *Cria Cuervos*).

Jeu

Trouve le nom d'un célèbre film de Pedro Almodóvar. C'est un titre espagnol, qui veut dire "revenir" en français.

La 3e lettre de Séville

À la fois dans Tolède et gazpacho

Une fois dans Giralda et deux fois dans Séville

La 5e lettre de bienvenido

Deux fois dans Barcelone

Dans sagrada et dans turrón

Coloriage

Colorie l'éventail de cette actrice selon le modèle.

le Pays Basque

On l'appelle aussi l'**Euskal Herria** en basque. Cette communauté du nord de l'Espagne a sa propre langue, l'**Euskera.** Tous les enfants basques l'apprennent à l'école. Le pays basque a aussi son propre drapeau, sa police... Ici, les belles balades ne manquent pas : des vallées vertes et leurs jolis villages, la côte atlantique et ses somptueuses falaises et des belles plages de sable comme à **San Sebastian**. Et à **Bilbao**, le musée **Guggenheim** est un véritable chef-d'œuvre.

Depuis longtemps, le pays basque inclut également la France. Il s'étend de la côte atlantique jusqu'au milieu des Pyrénées et couvre surtout le département des Pyrénées-Atlantiques.

Coloriage

Découvre à quoi ressemble le drapeau basque imprimé sur la planche de ce surfeur.

14 (rouge) **9** (blanc) **12** (vert)

la pelote Basque

C'est la grande spécialité du pays basque. Ce jeu, qui se déroule souvent sur un terrain en plein air, peut se pratiquer "à mains nues" ou avec **une sorte de raquette en osier,** en forme de petit panier. Les joueurs font face à un mur, le **fronton**, contre lequel ils lancent la **pelote,** une balle très dure. Il faut de la rapidité, de l'habileté et de la force. L'adversaire essaye de la rattraper et la lance à nouveau contre le fronton. Le point est gagné lorsque l'adversaire sort la pelote du terrain ou qu'un joueur ne peut la renvoyer.

Contraire de défaite	VICTOIRE
Compétition entre deux adversaires ou deux équipes	MATCH
On en perd un quand la balle sort du terrain	POINT
Matière des "raquettes"	OSIER
Nom du mur dans la pelote basque	FRONTON
On la lance contre le fronton	PELOTE
La pelote basque en est un, le surf aussi	SPORT
On y range nos affaires de sport	SAC

Jeu

Remplis la grille pour découvrir le nom de cette "raquette" en osier.

Saint-Jacques-de-Compostelle

Depuis le Moyen Âge, la ville de Saint-Jacques-de-Compostelle représente pour les chrétiens un **lieu de pèlerinage** très important, comme Rome ou Jérusalem. Aujourd'hui encore, de toute l'Europe, des pèlerins (croyants ou non) empruntent les nombreux chemins qui traversent la France et l'Espagne notamment, et mènent à la ville. Ils le font encore très souvent à pied comme autrefois et doivent marcher chaque jour pendant plusieurs heures.

Pour parcourir le chemin de Compostelle, munis-toi d'un dé et découpe ces petits pions.

la Semaine Sainte

Du jeudi saint au lundi de Pâques, toute l'Espagne est en fête, surtout en Andalousie. C'est la Semaine Sainte. Les villes organisent des processions qui reprennent des thèmes de la Bible. D'immenses cortèges défilent dans les rues et entourent des statues géantes de la Vierge et du Christ pour leur rendre hommage. La procession peut durer toute la nuit.

Si tu assistes un jour à une des processions de la Semaine Sainte, tu verras sûrement de drôles de personnages défiler avec un grand masque pointu. Ils sont très impressionnants. **Pour savoir comment on les appelle en Espagne, fais le jeu ci-dessous.**

Jeu

Chaque nombre que tu trouveras correspond à la place de la lettre dans l'alphabet (ex: 1= A)

N _ Z A _ _ _ O S

- nombre de costumes rouges (2e case)
- nombre de personnages (6e case)
- nombre de bâtons noirs (7e case)
- nombre de chaussures qui apparaissent. (8e case)

les Rois Mages

La Roscon de los Reyes,
la couronne des rois traditionnelle
est une brioche remplie de crème.
c'est un vrai régal !

Le 6 janvier, jour de l'Epiphanie, est un très beau moment pour les petits Espagnols. Lorsque toi, tu dégustes la galette des rois, les enfants d'Espagne, qui ont bien patienté, reçoivent leurs cadeaux de Noël apportés par les trois Rois Mages, **Balthazar, Melchior et Gaspard**.
C'est Noël en janvier (mais cela ne les empêche pas de se régaler d'une bonne brioche, la *Roscon* des Rois).

À Alicante, à Barcelone, à Madrid..., la soirée du 5 janvier est un vrai spectacle de rue. Les Rois Mages arrivent par la mer, à cheval ou à dos de chameau. C'est la **Cavalcade**.
Ils défilent ensuite dans la ville et lancent plein de bonbons à la foule, dans une grande ambiance de fête.

Jeu

*Si Rosa ramasse **tous** les bonbons bleus et Juanito **la moitié** des verts + 8 jaunes, qui en aura le plus ?*

100% ESPAGNE

Chupa Chups
légende n° ◯

① Chez nous, on les mange souvent au petit déjeuner, accompagnés d'un chocolat chaud bien épais. C'est délicieux !

Jeu

Les légendes de ces délicieuses spécialités espagnoles ont été mélangées. Sauras-tu les retrouver ?

Huile d'olive
légende n° ◯

② C'est Enric Bernat (un Barcelonais), qui, en 1958, eut l'idée géniale de fixer une boule de sucre sur un bâtonnet afin de ne pas salir les doigts (ni les vêtements !) des enfants. Tu imagines que cela plut beaucoup aux mamans. Et c'est un artiste très célèbre, Salvador Dalí (voir p 47), qui créa le célèbre logo qui existe encore aujourd'hui.

Turrón
légende n° ◯

③ On en consomme presque dans tous les plats, même au petit déjeuner. C'est simple, les Espagnols ne pourraient pas vivre sans ! D'ailleurs, notre pays en est le premier exportateur au monde.

Churros
légende n° ◯

④ Il en existe deux variétés : le dur et le mou. Cette confiserie existe depuis le Moyen Âge, mais aujourd'hui, c'est à Noël qu'on en consomme le plus.

Charade & Rébus Quiz

1

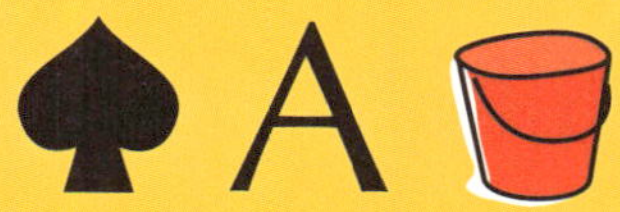

2 Mon premier est le contraire d'***avec***
Mon deuxième est le contraire de ***froid***
Mon troisième est le ***bruit*** du pistolet
Mon quatrième est le féminin de ***son***

Mon tout accompagne Don Quichotte

3 Le ***31 décembre***, aux 12 coups de minuit, les espagnols mangent :

- ☐ 12 bananes
- ☐ 12 brochettes de poisson
- ☐ 12 grains de raisins

4

5 Depuis des centaines d'années la ***coquille Saint-Jacques*** est utilisée comme :

- ☐ chapeau
- ☐ porte-bonheur
- ☐ maillot de bain

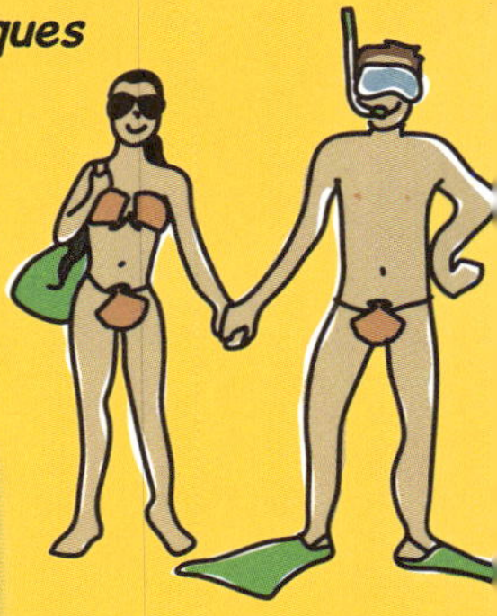

6

7 Madrid est symbolisé par ***un arbre et un animal***, lesquels ?

- ☐ baobab et éléphant

- ☐ arbousier et ours

- ☐ peuplier et girafe

1.Picasso, 2.Sancho Panza, 3.12 grains de raisins, 4.paella, 5.porte-bonheur, 6.Juan Carlos, 7.arbousier et ours

Petit lexique des mots compliqués

Abdiquer
Renoncer au pouvoir.

Acidulé
Légèrement acide.

Amérique latine
L'Amérique latine comprend tous les pays de l'Amérique du Sud et de l'Amérique centrale ainsi que le Mexique.

Archipel
Un groupe d'îles.

Arène
Le grand bâtiment circulaire où se déroulent les corridas.

Autonome
Une région autonome se gère elle-même, s'organise librement.

Brigadier
Un gendarme.

Calanques
Des criques entourées de très hauts rochers.

Calèche
Un petit véhicule, une voiture tirée par un cheval.

Canyon
Une vallée profonde creusée par l'eau, avec d'immenses parois verticales.

Chef-d'œuvre
Une œuvre remarquable, parfaite.

Coloniser
Transformer un pays en colonie. Autrefois, l'Espagne (et d'autres pays d'Europe comme la France) avait des colonies, c'est-à-dire des pays plus faibles qu'elle dominait.

Cubisme
C'est un mouvement artistique du début du 20e siècle. Les artistes cubistes représentent les objets en cubes ou en formes géométriques simples.

Dictature
Dans une dictature, un seul homme (ou un seul groupe d'hommes) a tous les pouvoirs, décide de tout et souvent de façon dure et autoritaire. Cela réduit les libertés.

Emblème
Un objet qui représente une idée, la symbolise. Le drapeau est l'emblème d'un pays.

Exportateur
Un pays exportateur vend ses produits (des vêtements par exemple), ses marchandises, à l'étranger.

Forteresse
Un lieu fortifié (avec des remparts, des tours) pour défendre une ville et se protéger des ennemis.

Logo
Une image, un dessin, qui représente une marque (de vêtements, de voitures, d'ordinateurs).

Minaret
Les grandes tours d'une mosquée où se fait l'appel à la prière pour les musulmans.

Pèlerinage
Un voyage que fait un croyant vers un lieu sacré de sa religion. Par exemple, à la Mecque pour les musulmans ou à Rome pour les chrétiens.

Percussion
Des instruments à percussion sont des instruments dont on joue en frappant dessus (cymbales, tambour).

Procession
Un défilé religieux qui se fait en priant et en chantant.

Proverbe
Une phrase courte qui exprime une vérité ou un conseil.
Par exemple : "l'argent ne fait pas le bonheur".

Siècle d'or
Pour un pays, c'est une époque où il est à son plus haut niveau, où il connaît une grande richesse.

Unesco
(patrimoine mondial de l')
Pour faire connaître et préserver les sites culturels et naturels d'une très grande importance, l'Unesco (Organisation des Nations Unies pour l'Education, les Sciences et la Culture) a établi une liste qui compte aujourd'hui plus de 900 lieux dans le monde. En France, par exemple, le Mont Saint-Michel et le château de Versailles sont classés dans cette liste.

réponses

Page 6 :
Cerise, Orange, Figue

Page 7 :
le nom de famille d'Ana est **GARCIA LOPEZ**

Page 10 :
ratón : souris,
gato : chat,
figura : silhouette,
enfermo : malade,
largo : long,
salir : sortir,
tabla : planche,
sol : soleil,
equipaje : bagages,
embarazada : enceinte
constipado : enrhumé

Page 11 :

Page 12 : 7 différences

Page 15 : les 7 anomalies

Page 20 :

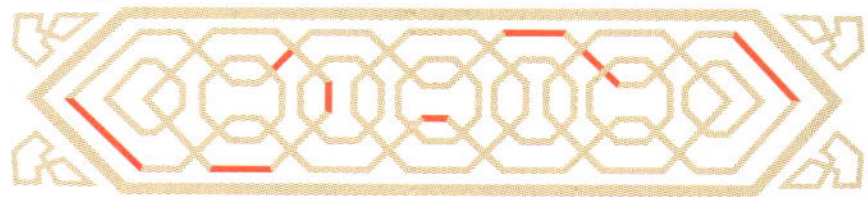

Page 21 :

Page 22 : TZIGANES
MANOUCHES
ROMANICHELS
BOHÉMIENS

Page 23 :
L'AMOUR EST ENFANT DE BOHÈME,
IL N'A JAMAIS CONNU DE LOI.

Page 24 :

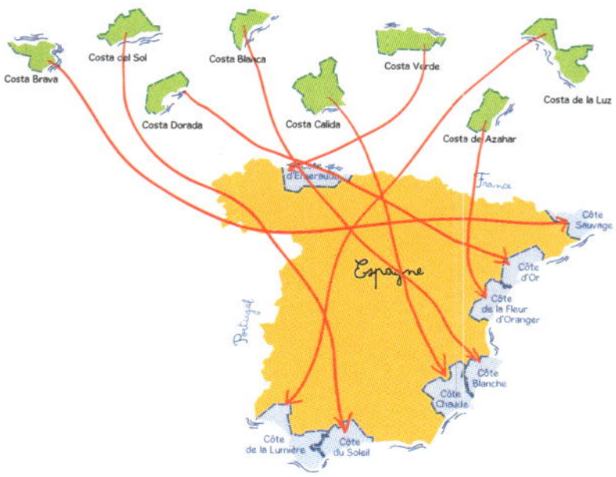

Page 25 :

Page 26 : LE BON, LA BRUTE ET LE TRUAND

Page 27 :

Page 28 :
On pourra obtenir 7 litres de jus d'orange

Page 30 :

Page 33 :

F	A	L	D	O	E	T
M	A	R	I	A	N	E
A	L	A	I	D	I	R
N	E	M	R	A	C	E
U	R	I	E	L	N	S
E	P	R	E	I	N	A
L	E	O	N	A	R	D

URIEL
REINA
MARIAN
ARIANA
CARMEN
ADALIA
TERESA
MANUEL
RAMIRO
ALDO
LEONARD

F E L I P E

Page 36 :

Page 38 :

Page 39 :

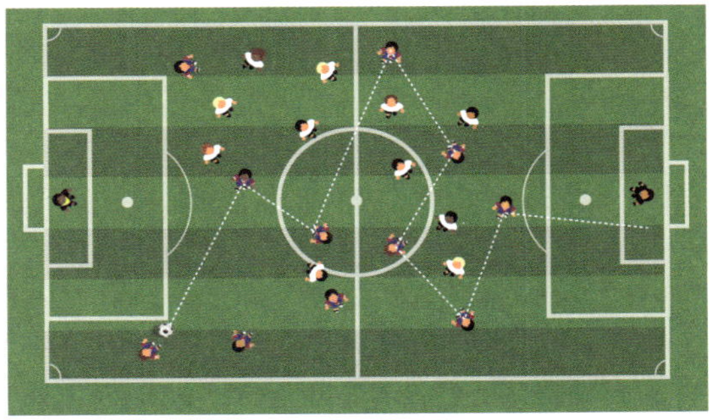

Page 41 : Il y a 5 sortes de moulins.

Page 42 : Sire, sur votre empire, le soleil ne se couche jamais.

Page 43 :

Page 44 :

- buenos días
  bonjour
  bon dia
- adiós
  au revoir
  adéu
- gracias
  s'il vous plaît
  gràcies
- por favor
  merci
  si us plau

Page 45 :
A3, B1, C2

Page 46 :

1	14	14	4
11	7	6	9
8	10	10	5
13	2	3	15

Page 48 :

Page 49 :

Pages 50-51 :
VOLVER.

Page 52

Page 55 :
NAZARENOS
en France on les appelle aussi des Pénitents.

Page 56 : C'est Rosa qui a ramassé le plus de bonbons.

17 5 + 8 =13
(la moitié de 10)

Page 53 **CHISTERA**
VICTOIRE - MATCH - POINT - OSIER
FRONTON - PELOTE - SPORT - SAC

Page 57 : Chupa Chups : **2**, Huile d'olive : **3**, Turrón : **4**, Churros : **1**

Titres dans la même collection :

Allemagne · Angleterre · Barcelone · Bordeaux Bretagne · Châteaux de la Loire Espagne · France · Grèce · Italie · Londres · Maroc · Monde arabe · Nantes New York · Paris · Portugal · Provence · Turquie

Du même auteur :

Les guides de conversation des enfants

Pour les petits anglophones et hispanophones

Auteurs : Stéphanie et Hugues Bioret, Julie Godefroy • Illustrations : Stéphanie Bioret, Julie Godefroy

Crédits photographiques : Stéphanie et Hugues Bioret - Fotolia - Joan Miró (p. 47) : © Successió Miró/ADAGP, Paris 2019 Salvador Dalí (p. 47) : © Fundació Gala-Salvador Dalí/ADAGP, Paris 2019 - Picasso (p. 37) © Succession Picasso 2019

Remerciements : Guy Bioret, Isabelle et Benoit Bodineau, Marie Charrier, Amélie Fournier et Santiago Martinez Plaza, Sandra Graveló

Contact :
tél. 06 13 54 19 80
bonhommedechemin@orange.fr
www.bonhommedechemin.fr

Conforme à la loi n°49 956 du 16 juillet 1949
sur les publications destinées à la jeunesse

ISBN : 978-2-9534655-5-6

Impression Graphitilt - Niort (79)

Imprimé sur papier PEFC

Achevé d'imprimer en juin 2019

Dépôt légal : mars 2012

PEFC
10-32-3010
Certifié PEFC

Malgré le soin apporté à la conception et au contenu de cet ouvrage, celui-ci est tributaire des changements et des évolutions. N'hésitez pas à nous faire part de vos remarques. Les suggestions sont aussi les bienvenues.

IMPRIM'VERT®